Papier fresserchen

Bibliografische Information der Deutschen Nationalbibliothek:
Die Deutsche Nationalbibliothek verzeichnet diese Publikation in der Deutschen Nationalbibliografie; detaillierte bibliografische Daten sind im Internet über http://dnb.d-nb.de abrufbar.

Erstauflage 2014
ISBN: 978-3-86196-432-2
Lektorat: Hedda Esselborn

Sonnenbichlstraße 39, 88149 Nonnenhorn, Deutschland
www.papierfresserchen.de – www.papierfresserchens-buchshop.de
info@papierfresserchen.de

Wie die kleine Raupe wieder fliegen lernte

von Lena Hafner

Es war einmal eine kleine Raupe.
Nein, nicht DIE Raupe.
Dies hier ist eine andere Geschichte,
denn unsere Raupe war immer satt.
Sie hatte ein anderes Problem ...

Ihr Leben begann ganz gewöhnlich und wundervoll.
Sie erinnerte sich noch ganz genau:
Es war ein heller und warmer Sonntagmorgen,
als die kleine Raupe aus ihrem Ei schlüpfte und
das Licht der Welt erblickte.

Erschöpft genoss sie die ersten Sonnenstrahlen.
Sie fühlte sich von Anfang an pudelwohl auf dem kräftig grünen Laubbaumblatt.

Es war ihr Zuhause.

Sie liebte es, sich wie eine kleine Schlange darauf zu kringeln.
Sie liebte es, voller Freude zur Musik des Baumes zu tanzen.
Sie liebte es, mit der Mittagssonne um die Wette zu strahlen.
Sie liebte es, zu träumen.

Sie liebte das LEBEN.

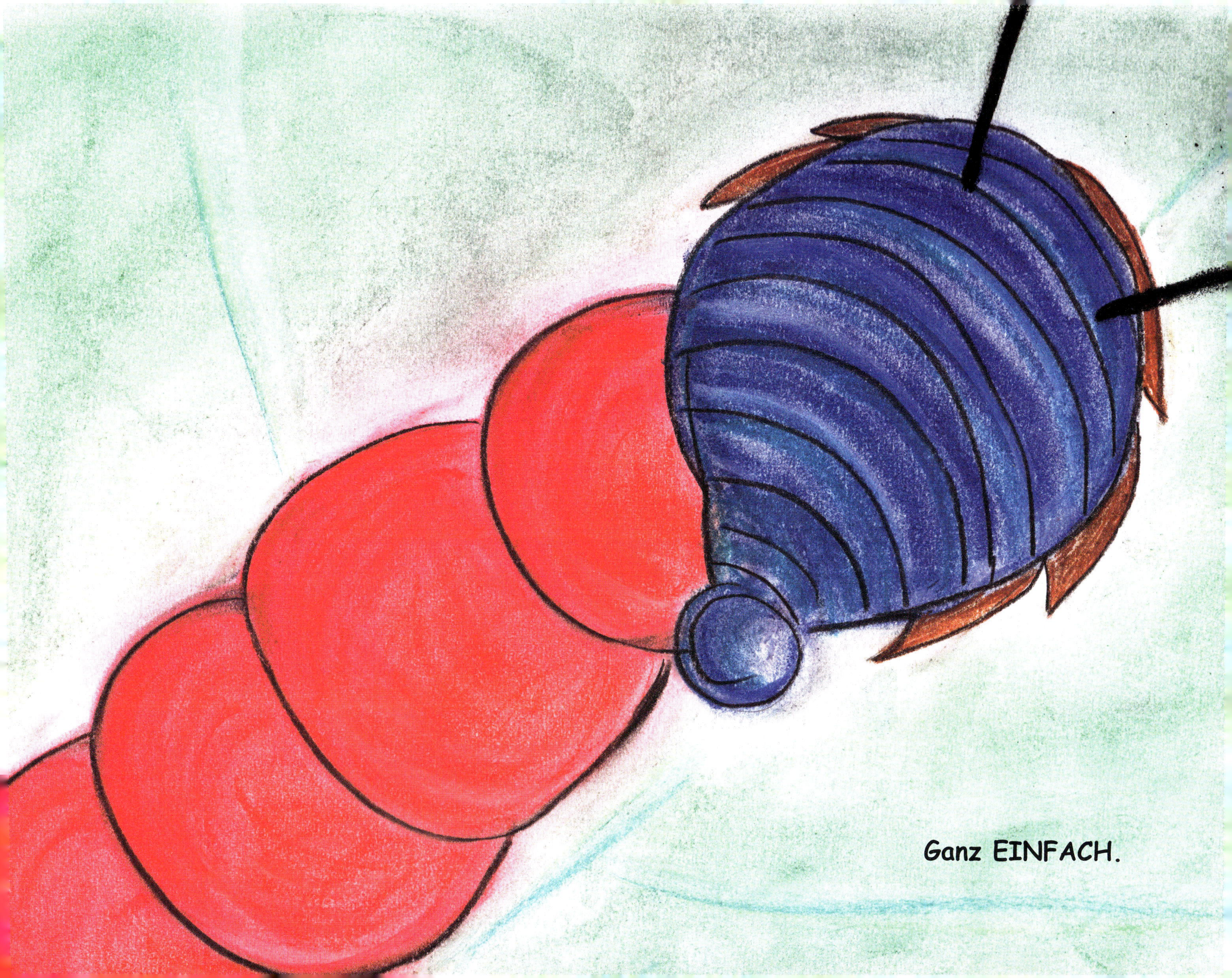

Ganz EINFACH.

Eines Tages bekam sie Besuch. Die kleine Raupe begrüßte ihren Gast neugierig.

Es war ein Bewohner des Baumes aus der dritten Etage. Doch dieser erschrak, als er die kleine Raupe sah.

Er weigerte sich, ihr kleines Reich zu betreten und ließ die kleine Raupe traurig zurück.

Schon bald kündigte sich ein neuer Gast an. Die kleine Raupe putzte und schmückte ihr Zuhause wie verrückt. Doch auch dieser Besucher verschwand beim Anblick der doch so liebenswürdigen kleinen Raupe.

Auch der dritte Besucher flüchtete ohne ein Wort.

Die kleine Raupe weinte bitterlich.
Sie konnte sich nicht erklären,
warum sie keiner mochte.
Es machte sie furchtbar traurig.

Ihre Tränen prasselten nur so auf das Blatt.

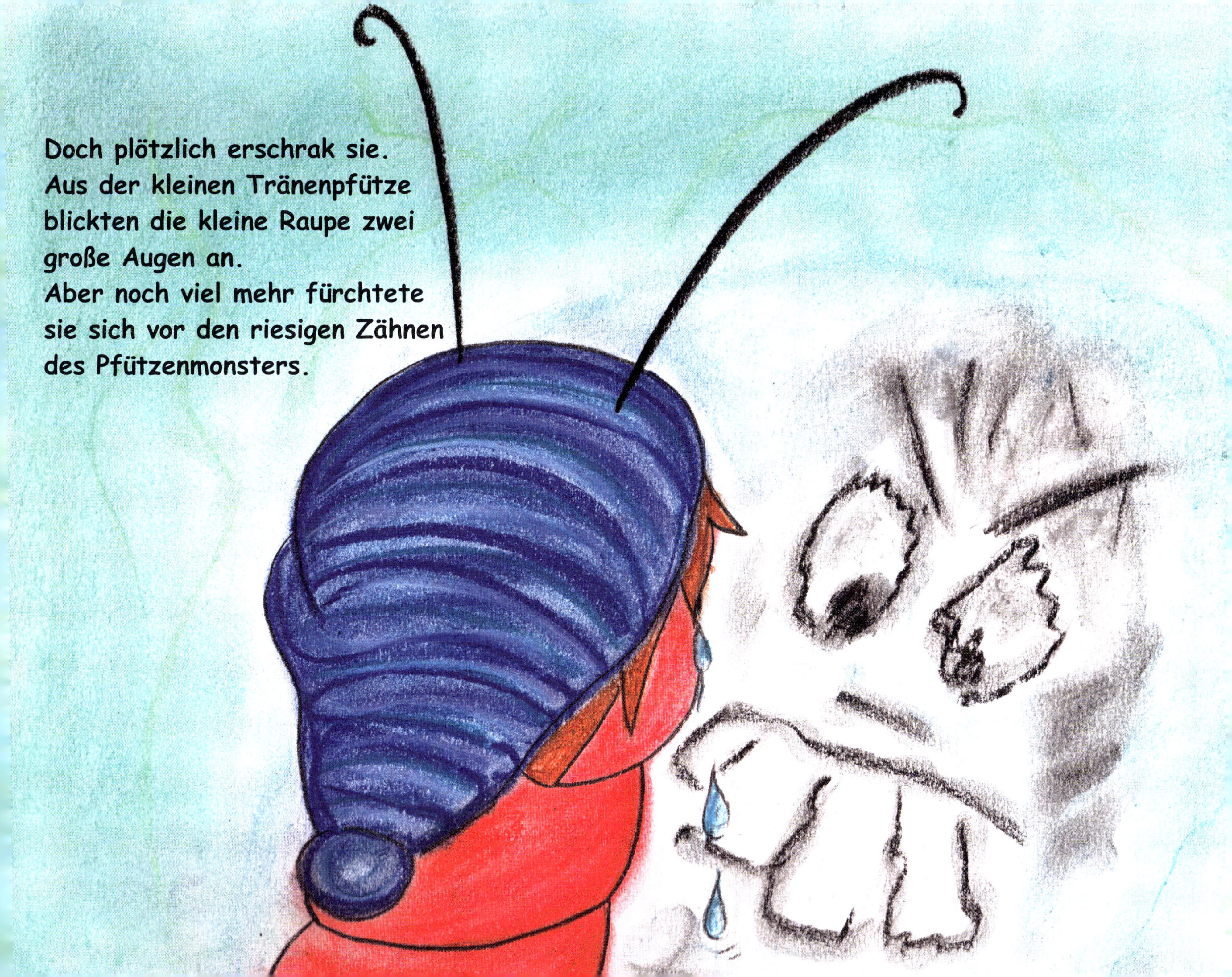

Doch plötzlich erschrak sie.
Aus der kleinen Tränenpfütze
blickten die kleine Raupe zwei
große Augen an.
Aber noch viel mehr fürchtete
sie sich vor den riesigen Zähnen
des Pfützenmonsters.

Sie waren so groß, dass die kleine Raupe Angst hatte, von dem Ungeheuer gefressen zu werden.

Aber aus ANGST wurde plötzlich WUT.
Sie schimpfte: „Du bist es, der meine Gäste verscheucht! Lass mich in Frieden! Verschwinde!“

Doch das Monster rührte sich kein Stück,
und als die kleine Raupe allen Mut zusammennahm
und sich dem unerwünschten Besucher drohend näherte,
wurde das Monster nur noch größer.

Die kleine Raupe wurde plötzlich still. Sie erkannte:
„Ich bin es. Ich bin das Ungeheuer mit den Riesenzähnen!
Deshalb mag mich keiner. Alle haben Angst vor mir!“

Die kleine Raupe wurde ganz still.
Mucksmäuschenstill.
Sogar weinen konnte sie nicht mehr.

NICHTS konnte sie mehr aufmuntern.

Sie hörte auf, sich auf ihrem geliebten Laubbaumblatt zu kringeln.

Sie hörte auf zu tanzen.

Sie träumte nicht mehr.

Sie hatte die Freude verloren. Ganz einfach.

Obwohl die kleine Raupe noch
genügend Zeit hatte, baute sie
sich schon jetzt ihren ganz
eigenen Rückzugsort. Sie wollte
nicht mehr warten und sehnte
sich nach einem kleinen Haus
für sich ganz alleine.

Niemand konnte sie da besuchen.
Hier war sie vor den Blicken
der anderen Baumbewohner
SICHER.

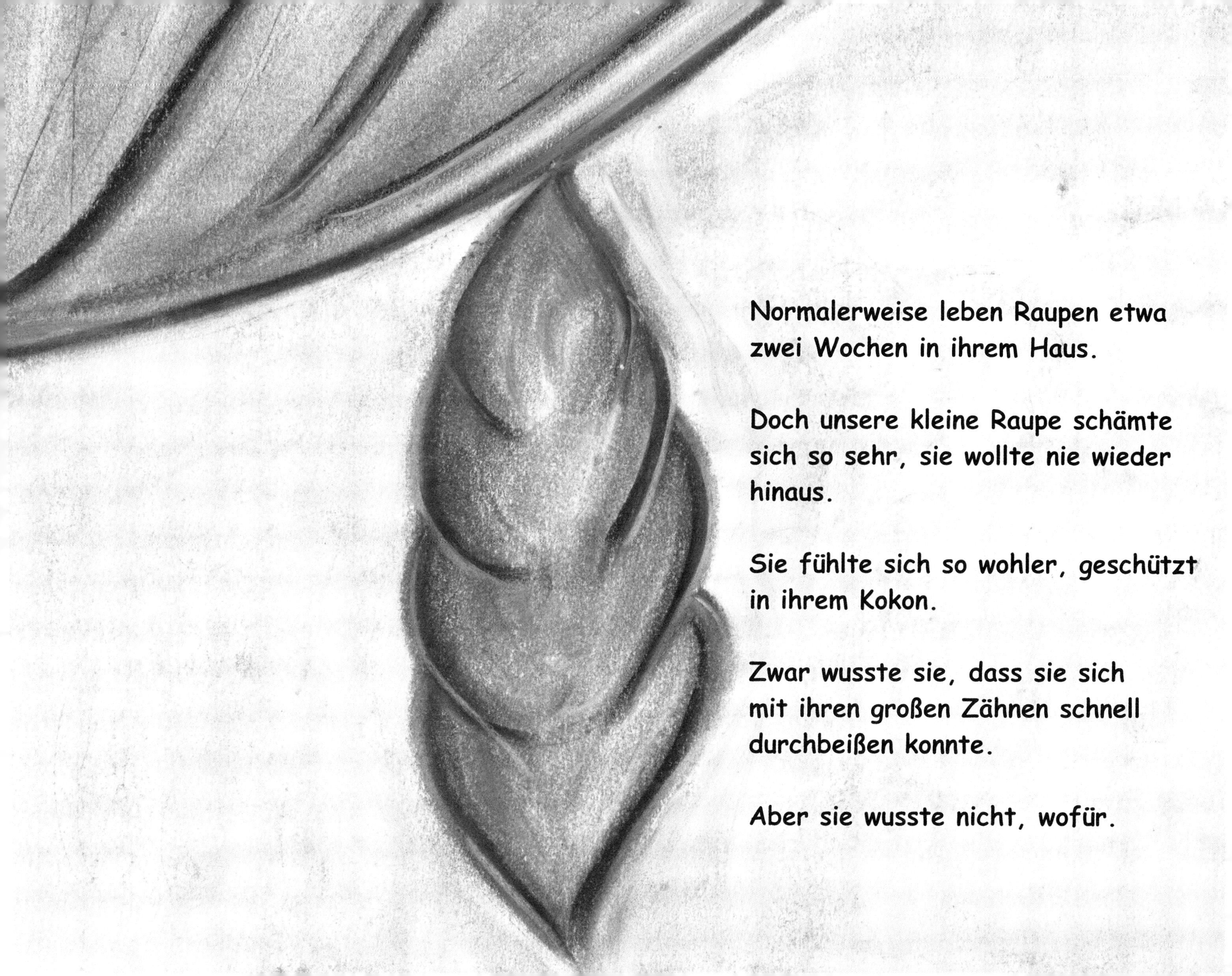

Normalerweise leben Raupen etwa
zwei Wochen in ihrem Haus.

Doch unsere kleine Raupe schämte
sich so sehr, sie wollte nie wieder
hinaus.

Sie fühlte sich so wohler, geschützt
in ihrem Kokon.

Zwar wusste sie, dass sie sich
mit ihren großen Zähnen schnell
durchbeißen konnte.

Aber sie wusste nicht, wofür.

So verging einige Zeit.

Die kleine Raupe fragte sich, wie
lange sie denn noch traurig sein würde.

Vielleicht noch 100 Tage?
Nein, das wollte sie nicht!

Sie entschied sich, endlich wieder fröhlich zu sein.

Sie kniff die Augen zusammen und wünschte sich die
FREUDE zurück.

Plötzlich hörte sie wieder die Blätter rauschen
und die Vögel singen.

Ihr hatte diese Musik gefehlt.
Nun hatte sie wieder Lust zu tanzen.

Aber es war einfach zu eng in ihrem kleinen Haus.
Sie konnte sich nicht kringeln und schon gar nicht
mit der Sonne um die Wette strahlen.

Die kleine Raupe wollte jetzt plötzlich hinaus.
Die Kraft ihrer Zähne half ihr dabei.

Sie knabberte sich ein Loch in ihren Kokon, zwängte sich nach
draußen und wurde schließlich zu einem wunderschönen ...

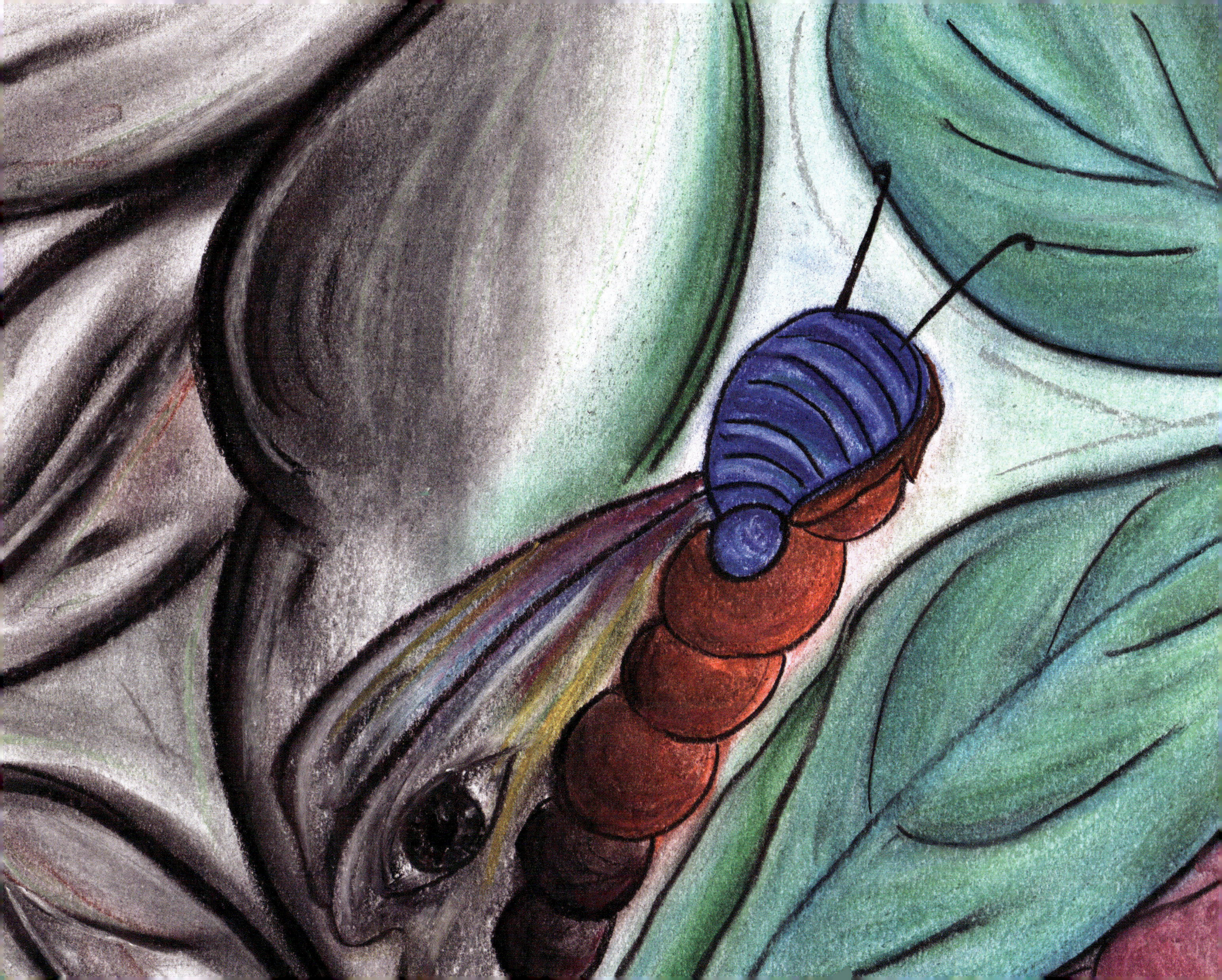

... farbenfrohen Schmetterling.

Der Schmetterling schlug nun seine Flügel im Takt der neuen MELODIE.

Alle anderen Bewohner des Baumes staunten über seine Schönheit.

Aber nur der Schmetterling wusste ganz genau, dass es nicht nur seine bunten Flügel waren, um die ihn alle anderen beneideten.

Die großen Zähne waren immer noch da.
Sie fielen nur nicht mehr so auf.
Und nun erkannte der Schmetterling,
wozu er solche großen Zähne brauchte.

Sie halfen ihm dabei, sich aus seiner viel
zu eng gebauten Schutzhülle zu befreien.
Alle bewunderten ihn dafür.

Und auch jetzt wird er seine kräftigen
Zähne noch oft brauchen.
Bei seinem freien Flügelschlag.

Der Schmetterling liebt es, sich frei in der Luft zu bewegen.
Der Schmetterling liebt es, zu tanzen und sucht sich eine Tänzerin.
Der Schmetterling liebt es, mit seiner Tänzerin zu träumen.
Der Schmetterling liebt das LEBEN.

Nicht immer ganz einfach.

Aber immer ÖFTER.
Flieg, kleiner Schmetterling, FLIEG!

Lena Hafner

wurde im Juni 1990 in St. Wendel im Saarland geboren. Nach dem Abitur 2009 am Arnold-Janssen-Gymnasium in St. Wendel studierte sie Grundschulpädagogik mit den Schwerpunktfächern Germanistik und Mathematik an der Universität Landau/Rheinland-Pfalz. Ihre weitere Leidenschaft neben dem Malen und Schreiben ist die Musik.